CTES SOCIAUX

PUBLICATION DOCUMENTAIRE PÉRIODIQUE
DE L'ACTION POPULAIRE

LOI SUR LES ASSOCIATIONS

(1er Juillet 1901)

LOI SUR LES SYNDICATS

(21 Mars 1884)

(MODIFICATIONS PROPOSÉES)

Abonnement à la série de 24 numéros : **5** fr. — Étranger : **6** fr.

Le numéro : **0** fr. **25**

REIMS

ACTION POPULAIRE

5, rue des Trois-Raisinets

PARIS

Victor LECOFFRE

90, rue Bonaparte

ACTES SOCIAUX

Publication documentaire. — Prix de l'abonnement à **24** numéros : France, **5** fr.; Etranger, **6** fr.

Le Numéro : **0** fr. **25**, *franco*

LOI SUR LES ASSOCIATIONS

(1er Juillet 1901)

TITRE PREMIER

Art. 1er. — L'association est la convention par laquelle deux ou plusieurs personnes mettent en commun, d'une façon permanente, leurs connaissances ou leur activité dans un but autre que de partager des bénéfices. Elle est régie, quant à sa validité, par les principes généraux du droit applicables aux contrats et obligations.

Art. 2. — Les associations de personnes pourront se former librement sans autorisation ni déclaration préalables, mais elles ne jouiront de la capacité juridique que si elles se sont conformées aux dispositions de l'article 5.

Art. 3. — Toute association fondée sur une cause ou en vue d'un objet illicite, contraire aux lois, aux bonnes mœurs, ou qui aurait pour but de porter atteinte à l'intégrité du territoire national et à la forme républicaine du gouvernement, est nulle et de nul effet.

Art. 4. — Tout membre d'une association qui n'est pas formée pour un temps déterminé peut s'en retirer en tout temps, après payement des cotisations échues et de l'année courante, nonobstant toute clause contraire.

Art. 5. — Toute association qui voudra obtenir la capacité juridique, prévue par l'article 6, devra être rendue publique par les soins de ses fondateurs.

La déclaration préalable en sera faite à la préfecture du département ou à la sous-préfecture de l'arrondissement où l'association aura son siège social. Elle fera connaître le titre et l'objet de l'association, le siège de ses établissements et les noms, professions et domiciles de ceux qui, à un titre quelconque, sont chargés de son administration ou de sa direction. Il en sera donné récépissé.

Deux exemplaires des statuts seront joints à la déclaration.

Les associations sont tenues de faire connaître, aans les trois mois, tous les changements survenus dans leur administration ou direction, ainsi que toutes les modifications apportées à leurs statuts.

Ces modifications ou changements ne sont opposables aux tiers qu'à partir du jour où ils auront été déclarés.

Les modifications et changements seront, en outre, consignés sur un registre spécial qui devra être présenté aux autorités administratives ou judiciaires chaque fois qu'elles en feront la demande.

Art. 6. — Toute association régulièrement déclarée peut, sans aucune autorisation spéciale, ester en justice, acquérir à titre onéreux, posséder et administrer, en dehors des subventions de l'Etat, des départements et des communes:

1° Les cotisations de ses membres ou les sommes au moyen desquelles ces cotisations ont été rédimées, ces sommes ne pouvant être supérieures à 500 fr.;

2° Le local destiné à l'administration de l'association et à la réunion de ses membres;

3° Les immeubles strictement nécessaires à l'accomplissement du but qu'elle se propose.

Art. 7. — En cas de nullité prévue par l'article 3, la dissolution de l'association sera prononcée par le tribunal civil, soit à la requête de tout intéressé, soit à la diligence du ministère public.

En cas d'infraction aux dispositions de l'article 5, la dissolution pourra être prononcée à la requête de tout intéressé ou du ministère public.

Art. 8. — Seront punis d'une amende de 16 à 200 fr. et, en cas de récidive, d'une amende double, ceux qui auront contrevenu aux dispositions de l'article 5.

Seront punis d'une amende de 16 à 5.000 francs et d'un emprisonnement de six jours à un an, les fondateurs, directeurs ou administrateurs de l'association qui se serait maintenue ou reconstituée illégalement après le jugement de dissolution.

Seront punies de la même peine toutes les personnes qui auront favorisé la réunion des membres de l'association dissoute, en consentant l'usage d'un local dont elles disposent.

Art. 9. — En cas de dissolution volontaire, statutaire ou prononcée par justice, les biens de l'association seront dévolus conformément aux statuts, ou, à défaut de disposition statutaire, suivant les règles déterminées en assemblée générale.

TITRE II

Art. 10. — Les associations peuvent être reconnues d'utilité publique par décrets rendus en la forme des règlements d'administration publique.

Art. 11. — Les associations peuvent faire tous les actes de la vie civile qui ne sont pas interdits par leurs statuts, mais elles ne peuvent posséder ou acquérir d'autres immeubles que ceux nécessaires au but qu'elles se proposent. Toutes les valeurs mobilières d'une association doivent être placées en titres nominatifs.

Elles peuvent recevoir des dons et des legs dans les conditions prévues par l'article 910 du Code civil et l'article 54 de la loi du 4 février 1901. Les immeubles compris dans un acte de donation ou dans une disposition testamentaire qui ne seraient pas nécessaires au fonctionnement de l'association, sont aliénés dans les délais et la forme prescrits par le décret ou l'arrêté qui autorise l'acceptation de la libéralité; le prix en est versé à la caisse de l'association.

Elles ne peuvent accepter une donation mobilière ou immobilière avec réserve d'usufruit au profit du donateur.

ART. 12. — Les associations composées en majeure partie d'étrangers, celles ayant des administrateurs étrangers ou leur siège à l'étranger, et dont les agissements seraient de nature soit à fausser les conditions normales du marché des valeurs ou des marchandises, soit à menacer la sûreté intérieure ou extérieure de l'Etat, dans les conditions prévues par les articles 75 à 101 du Code pénal, pourront être dissoutes par décret du président de la République rendu en Conseil des ministres.

Les fondateurs, directeurs ou administrateurs de l'association qui se serait maintenue ou reconstituée illégalement après le décret de dissolution, seront punis des peines portées par l'article 8, paragraphe 2.

TITRE III

ART. 13. — Aucune congrégation religieuse ne peut se former sans une autorisation donnée par une loi qui déterminera les conditions de son fonctionnement.

Elle ne pourra fonder aucun nouvel établissement qu'en vertu d'un décret rendu en Conseil d'Etat.

La dissolution de la congrégation ou la fermeture de tout établissement pourront être prononcées par décret rendu en Conseil des ministres.

ART. 14. — Nul n'est admis à diriger, soit directement, soit par personne interposée, un établissement d'enseignement, de quelque ordre qu'il soit, ni à y donner l'enseignement, s'il appartient à une congrégation religieuse non autorisée.

Les contrevenants seront punis des peines prévues par l'article 8, § 2. La fermeture de l'établissement pourra, en outre, être prononcée par le jugement de condamnation.

ART. 15. — Toute congrégation religieuse tient un

état de ses recettes et dépenses; elle dresse chaque année le compte financier de l'année écoulée et l'état inventorié de ses biens, meubles et immeubles.

La liste complète de ses membres, mentionnant leur nom patronymique, ainsi que le nom sous lequel ils sont désignés dans la congrégation, leur nationalité, âge et lieu de naissance, la date de leur entrée, doit se trouver au siège de la congrégation.

Celle-ci est tenue de représenter sans déplacement, sur toute réquisition du préfet, à lui-même ou à son délégué, les comptes, états et listes ci-dessus indiqués.

Seront punis des peines portées au § 2 de l'article 8 les représentants ou directeurs d'une congrégation qui auront fait des communications mensongères ou refusé d'obtempérer aux réquisitions du préfet, dans les cas prévus par le présent article.

Art. 16. — Toute congrégation formée sans autorisation sera déclarée illicite.

Ceux qui en auront fait partie seront punis des peines édictées à l'article 8, § 2.

La peine applicable aux fondateurs ou administrateurs sera portée au double.

Art. 17. — Sont nuls tous actes entre vifs ou testamentaires, à titres onéreux ou gratuit, accomplis soit par personne interposée ou toute autre voie indirecte, ayant pour objet de permettre aux associations légalement ou illégalement formées de se soustraire aux dispositions des articles 2, 6, 9, 11, 13, 14 et 16.

Sont légalement présumées personnes interposées au profit des congrégations religieuses, mais sous réserve de la preuve contraire:

1° Les associés à qui ont été consenties des ventes ou fait des dons ou legs, à moins, s'il s'agit de dons ou legs, que le bénéficiaire soit l'héritier en ligne directe du disposant;

2° L'associé ou la société civile ou commerciale composée, en tout ou partie, de membres de congrégation, propriétaire de tout immeuble occupé par l'association;

3° Le propriétaire de tout immeuble occupé par l'association après qu'elle aura été déclarée illicite;

La nullité pourra être prononcée soit à la diligence du ministère public, soit à la requête de tout intéressé.

ART. 18. — Les congrégations existantes au moment de la promulgation de la présente loi, qui n'auraient pas été antérieurement autorisées ou reconnues, devront, dans le délai de trois mois, justifier qu'elles ont fait les diligences nécessaires pour se conformer à ces prescriptions.

A défaut de cette justification, elles sont réputées dissoutes de plein droit. Il en sera de même des congrégations auxquelles l'autorisation aura été refusée.

La liquidation des biens détenus par elles aura lieu en justice. Le tribunal, à la requête du ministère public, nommera, pour y procéder, un liquidateur qui aura, pendant toute la durée de la liquidation, tous les pouvoirs d'un administrateur séquestre.

Le jugement ordonnant la liquidation sera rendu public dans la forme prescrite pour les annonces légales.

Les biens et les valeurs appartenant aux membres de la congrégation antérieurement à leur entrée dans la congrégation, ou qui leur seraient échus depuis par succession *ab intestat* en ligne directe ou collatérale, soit par donation ou legs en ligne directe, leur seront restitués.

Les dons et legs qui leur auraient été faits autrement qu'en ligne directe pourront être également revendiqués, mais à charge par les bénéficiaires de faire la preuve qu'ils n'ont pas été les personnes interposées prévues par l'article 17.

Les biens et les valeurs acquis à titre gratuit et qui n'auraient pas été spécialement affectés par l'acte de libéralité à une œuvre d'assistance, pourront être revendiqués par le donateur, ses héritiers ou ayants droit du testateur, sans qu'il puisse leur être opposé aucune prescription pour le temps écoulé avant le jugement prononçant la liquidation.

Si les biens et valeurs ont été donnés ou légués en vue non de gratifier les congréganistes, mais de pourvoir à une œuvre d'assistance, ils ne pourront être revendiqués qu'à charge de pourvoir à l'accomplissement du but assigné à la libéralité.

Toute action en reprise ou revendication devra, à peine de forclusion, être formée contre le liquidateur dans un délai de six mois, à partir de la publication du jugement. Les jugements rendus contradictoirement avec le liquidateur, et ayant acquis l'autorité de la chose jugée, sont opposables à tous les intéressés.

Passé le délai de six mois, le liquidateur procédera à la vente en justice de tous les immeubles qui n'auraient pas été revendiqués ou qui ne seraient pas affectés à une œuvre d'assistance.

Le produit de la vente, ainsi que toutes les valeurs mobilières, seront déposés à la Caisse des dépôts et consignations.

L'entretien des pauvres hospitalisés sera, jusqu'à l'achèvement de la liquidation, considéré comme frais privilégiés de liquidation.

S'il n'y a pas de contestations ou lorsque toutes les actions formées dans le délai prescrit auront été jugées, l'actif net sera réparti entre les ayants droit.

Le règlement d'administration publique, visé par l'article 20 de la présente loi, déterminera, sur l'actif resté libre après le prélèvement ci-dessus prévu, l'allocation en capital ou sous la forme de rentes viagères, qui sera attribuée aux membres de la congrégation dissoute qui n'auraient pas de moyens d'existence assurés ou qui justifieraient avoir contribué à l'acquisition des valeurs mises en distribution par le produit de leur travail personnel.

ART. 19. — Les dispositions de l'article 403 du Code

pénal sont applicables aux délits prévus par la présente loi.

ART. 20. — Un règlement d'administration publique déterminera les mesures propres à assurer l'exécution de la présente loi.

ART. 21. — Sont abrogés les articles 291, 292, 293 du Code pénal, ainsi que les dispositions de l'article 294 du même Code relatives aux associations ; l'article 20 de l'ordonnance du 5-8 juillet 1820; la loi du 10 avril 1834; l'article 13 du décret du 28 juillet 1848; l'article 7 de la loi du 30 juin 1881; la loi du 14 mars 1872; le paragraphe 2, article 2, de la loi du 24 mai 1825; le décret du 31 janvier 1852, et généralement toutes les dispositions contraires à la présente loi.

Il n'est en rien dérogé pour l'avenir aux lois spéciales relatives aux syndicats professionnels, aux sociétés de commerce et aux sociétés de secours mutuels.

Fait à Paris, le 1er juillet 1901.

Emile LOUBET.

Par le Président de la République:

Le Président du Conseil,
Ministre de l'Intérieur et des Cultes,

WALDECK-ROUSSEAU.

TEXTES DES LOIS

Du 21 mars 1884 et du 1ᵉʳ juillet 1901 (titre 1ᵉʳ).

LEUR COMPARAISON

Les Modifications proposées :
1º par la Commission de la Chambre ; 2º par la Section des
Associations Coopératives et Ouvriéres du Musée Social.

Loi du 21 mars 1884 sur les Syndicats professionnels.	Loi du 1er juillet 1901 sur les Associations.
	TITRE PREMIER

ARTICLE 1

Sont abrogés la loi des 14-27 juin 1791 et l'article 416 du Code pénal.	L'association est la convention par laquelle deux ou plusieurs personnes mettent en commun d'une façon permanente leurs connaissances ou leur activité dans un but autre que de partager des bénéfices. Elle est régie, quant à sa validité, par les principes généraux du droit applicables aux contrats et obligations.
Les articles 291, 292, 293, 294 du Code pénal et la loi du 18 avril 1834 ne sont pas applicables aux syndicats professionnels.	

TEXTES DES LOIS

les modifications proposées : 1° par la Commission de coopératives et ouvrières du Musée Social.

Modifications proposées par la Comm. de la Chambre.	Modifications proposées par la Section du Musée Social.

ARTICLE 1

Modifications proposées par la Comm. de la Chambre.

Sont abrogés: la loi des 14-27 juin 1791 et les articles 415 et 416 du Code pénal.

Modifications proposées par la Section du Musée Social.

Sont abrogés: la loi des 14-27 juin 1791 et les articles 415 et 416 du Code pénal.

Maintien de l'article 414 du Code pénal, mais avec la rédaction suivante:

Sera puni d'un emprisonnement de six jours à trois ans et d'une amende de 16 francs à 3.000 francs, ou de l'une de ces deux peines seulement, quiconque, à l'aide de violences, voies de fait, *entraves mises ou tentées à la liberté corporelle d'autrui, menaces de violences, voies de fait ou d'entraves à la liberté corporelle d'autrui,* aura amené ou maintenu, tenté d'amener ou de maintenir une cessation concertée de travail, dans le but de forcer la hausse ou la baisse des salaires, ou de porter atteinte au libre exercice de l'industrie ou du travail.

Loi du 21 mars 1884.	Loi du 1er juillet 1901. TITRE PREMIER

ARTICLE 2

Les syndicats ou associations professionnelles, même de plus de vingt personnes exerçant la même profession, des métiers similaires ou des professions connexes, concourant à l'établissement de produits déterminés, pourront se constituer librement sans l'autorisation du gouvernement.	Les associations de personnes pourront se former librement sans autorisation ni déclaration préalable, mais elles ne jouiront de la capacité juridique que si elles se sont conformées aux dispositions de l'article 5

(1) Le personnel des services publics, qui sont administrés directement ou en régie par l'Etat, les départements et les communes, et dont l'arrêt momentané serait une cause de perturbation fâcheuse pour la vie nationale ou locale, sera tenu de renoncer au droit de grève, à titre de clause essentielle du contrat de travail, et de respecter un délai de préavis d'une durée déterminée par le contrat ou le règlement.

Pour permettre à ce personnel de faire entendre ses reven-

Commission de la Chambre.	Section du Musée Social.

ARTICLE 2

Ajouter les deux paragraphes suivants:

§ 2. — Pourront continuer à faire partie d'un syndicat professionnel, les personnes qui auront abandonné l'exercice de la profession, et pourront y entrer celles qui, ayant exercé la profession pendant cinq années au moins, ne l'auront pas quittée depuis plus de dix ans.

§ 3. — La présente loi est applicable aux professions libérales et aux ouvriers et employés de l'Etat, des départements, des communes et des établissements publics qui ne détiennent aucune portion de la puissance publique.

Ajouter les deux paragraphes suivants:

§ 2. — Pourront continuer à faire partie d'un syndicat professionnel les personnes qui auront abandonné l'exercice de la profession, *pourvu qu'elles aient exercé cette dernière pendant deux ans,* et pourront y entrer celles qui, ayant exercé la profession pendant cinq années au moins, ne l'auront pas quittée depuis plus de dix ans.

§ 3. — La présente loi est applicable aux professions libérales et, *sous les réserves ci-après,* aux ouvriers et employés de l'Etat, des départements, des communes et des établissements pulics qui ne détiennent aucune portion de la puissance publique (1).

dications, il sera institué, pour chaque ministère, et partout où le besoin en sera reconnu, des commissions locales, composées de hauts fonctionnaires et de magistrats. Après avoir entendu: d'une part, les représentants des ouvriers, d'autre part ceux des services intéressés, ces commissions émettront un avis motivé sur le conflit dont elles auront été saisies.

Une commission centrale, siégeant à Paris et destinée à

ARTICLE 3

Loi du 21 mars 1884.	Loi du 1er juillet 1901.
	TITRE PREMIER
Les syndicats professionnels ont exclusivement pour objet l'étude et la défense des intérêts économiques, industriels, commerciaux et agricoles.	Toute association fondée sur une cause ou en vue d'un objet illicite, contraire aux lois, aux bonnes mœurs, ou qui aurait pour but de porter atteinte à l'intégrité du territoire national et à la forme républicaine du gouvernement, est nulle et de nul effet.

unifier la jurisprudence de ces commissions locales, sera chargée de reviser leurs avis, sur l'appel interjeté soit par l'administration, soit par le personnel.

Ces avis seront transmis au ministre compétent, qui statuera sur les conflits, sous le contrôle du Parlement.

Pour donner une sanction effective aux dispositions qui précèdent, le contrat de travail stipulera que toute cessation de travail avant l'expiration du délai de préavis entraînerait de plein droit la révocation ou la démission de l'agent, et, en outre, une amende dont la quotité sera fixée par les tribunaux aux termes de la loi du 29 décembre 1890.

Pour servir de gage à ces perceptions, chacun des agents des services dont il s'agit sera obligé de constituer un cautionnement dont le règlement fixera le montant, soit par un versement effectué lors de l'entrée dans le service, soit par la retenue d'une fraction du salaire jusqu'à due concurrence de cette somme. Ce cautionnement sera déposé dans une caisse publique, portera intérêt au profit de l'agent et lui sera remboursé à sa sortie, sauf le prélèvement auquel il aurait été régulièrement condamné pour violation du contrat de travail.

Un règlement d'administration publique sera chargé d'arrêter le texte des services publics dont le personnel sera soumis à ce régime, en y comprenant les services concédés qui en seraient les dépendances nécessaires.

Commission de la Chambre.	Section du Musée Social.

ARTICLE 3

Les syndicats professionnels ont exclusivement pour objet: 1° L'étude et la défense des intérêts économiques, industriels, commerciaux et agricoles; Les opérations diverses qui, ne se rattachant pas directement à ce premier objet, sont néanmoins expressément autorisées par la présente loi.	*Texte identique à celui proposé par la Commission de la Chambre.*

Les services de distribution d'eau, d'éclairage, et ceux de transports par chemins de fer seront soumis aux prescriptions des alinéas 2, 3, 4, 6 et 7 du présent § 3.

Si les parties en présence ne croient pas devoir accepter l'avis de la Commission locale, au besoin sanctionné ou amendé par la Commission centrale, ces avis auront pour sanction la publicité telle qu'elle est organisée par la loi de décembre 1892 pour l'arbitrage facultatif.

En vue de faciliter l'entente entre les agents des Compagnies concessionnaires et ces Compagnies, la clause compromissoire qui serait introduite par les Compagnies dans le cahier des charges pour déférer à l'arbitrage leurs conflits éventuels avec leur personnel, est revêtue d'une valeur légale, par dérogation à l'article 1066 du Code de procédure civile.

Paragraphe additionnel :

En ce qui concerne les inscrits maritimes, le droit de grève est suspendu pendant la période de l'armement administratif qui s'écoule entre la revue d'armement t celle de désarmement.

Pendant la même période le droit syndical subsiste, mais seulement dans celles de ses manifestations qui ne sont pas incompatibles avec le régime spécial de l'inscription maritime.

Loi du 21 mars 1884.	Loi du 1er juillet 1901. TITRE PREMIER

ARTICLE 4

Les fondateurs de tout syndicat professionnel devront déposer les statuts et les noms de ceux qui, à un titre quelconque, seront chargés de l'administration ou de la direction.

Ce dépôt aura lieu à la mairie de la localité où le syndicat est établi, et à Paris, à la Préfecture de la Seine.

Ce dépôt sera renouvelé à chaque changement de la direction ou des statuts.

Communication des statuts devra être donnée par le maire ou par le préfet de la Seine au procureur de la République.

Les membres de tout syndicat professionnel, chargés de l'administration ou de la direction de ce syndicat, devront être français et jouir de leurs droits civils.

Voir plus loin, en regard de l'article 7 de la loi de 1884, le texte de l'article 4 de la loi de 1901.

ARTICLE 5

Les syndicats professionnels régulièrement constitués d'après les prescriptions de la présente loi, pourront librement se concerter pour l'étude et la

Toute association qui voudrait obtenir la capacité juridique, prévue par l'article 6, devra être rendue publique par les soins de ses fondateurs.

Commission de la Chambre.	Section du Musée Social.

ARTICLE 4

Sans changement.	*Sans changement*

ARTICLE 5

Les syndicats professionnels régulièrement constitués d'après les prescriptions de la présente loi, pourront librement se concerter pour l'étude et la	*Pas de changement au texte de la Commission de la Chambre pour les deux premiers paragraphes.* Ces Unions pourront ester en justice.

<table>
<tr><td>

Loi du 21 mars 1884.

</td><td>

Loi du 1er juillet 1901.

TITRE PREMIER

</td></tr>
<tr><td>

défense de leurs intérêts économiques, industriels, commerciaux et agricoles.

Ces Unions devront faire connaître, conformément au deuxième paragraphe de l'article 4, les noms des syndicats qui les composent

Elles ne pourront posséder aucun immeuble, ni ester en justice.

</td><td>

La déclaration préalable en sera faite à la préfecture du département ou à la sous-préfecture de l'arrondissement où l'association aura son siège. Elle fera connaître le titre et l'objet de l'association, le siège de ses établissements et les noms, professions et domiciles de ceux qui, à un titre quelconque, sont chargés de son administration ou de sa direction. Il en sera donné récépissé.

Deux exemplaires des statuts seront joints à la déclaration.

Les associations sont tenues de faire connaître dans les trois mois, tous les changements survenus dans leur administration ou direction, ainsi que toutes les modifications apportées à leurs statuts.

Ces modifications et changements ne sont opposables aux tiers qu'à partir du jour où ils auront été déclarés.

Les modifications et changements seront, en outre, consignés sur un registre spécial qui devra être présenté aux autori-

</td></tr>
</table>

Commission de la Chambre.	Section du Musée Social.

Commission de la Chambre.

défense de leurs intérêts économiques, industriels, commerciaux et agricoles.

Les dispositions de l'article 4 sont applicables aux Unions de syndicats, qui devront, en outre, faire connaître les noms des syndicats qui les composent.

Ces Unions pourront ester en justice.

Elles pourront posséder les immeubles qui sont nécessaires à leurs bureaux, leurs réunions et à leurs bibliothèques, cours d'instruction professionnelle, collections, laboratoires, champs d'expériences, abris pour bestiaux, machines ou instruments, bourses du travail, ateliers d'apprentissage, hospices et hôpitaux.

Elles pourront recevoir des dons et legs avec affectation à ces institutions.

Les statuts prévoiront la destination de ces biens en cas de dissolution de l'Union.

Section du Musée Social.

Elles pourront posséder les immeubles qui sont nécessaires à leurs bureaux, à leurs réunions et à leurs bibliothèques, cours d'instruction professionnelle, collections, laboratoires, champs d'expériences, abris pour bestiaux, machines ou instruments, bourses du travail, ateliers d'apprentissage.

Les unions ne pourront posséder d'autres immeubles de rapport que ceux dont les revenus seront affectés en totalité au but spécifié par leurs statuts.

Elles pourront recevoir des dons et legs avec affectation à *ces biens* et institutions.

Les statuts prévoiront la destination de ces biens en cas de dissolution de de l'Union.

Loi du 21 mars 1884.	**Loi du 1ᵉʳ juillet 1901.**

tés administratives ou judiciaires chaque fois qu'elles en feront la demande.

ARTICLE 6

Les syndicats professionnels de patrons ou d'ouvriers auront le droit d'ester en justice.

Ils pourront employer les sommes provenant des cotisations.

Toutefois, ils ne pourront acquérir d'autres immeubles que ceux qui seront nécessaires à leurs réunions, à leurs bibliothèques et à des cours d'instruction professionnelle.

Ils pourront librement créer et administrer des Offices de renseignements pour les offres et les demandes de travail.

Ils pourront être consultés sur tous les différends et toutes les questions se rattachant à leur spécialité.

Dans les affaires contentieuses, les avis du syndicat seront tenus à la disposition des parties qui pourront en prendre communication et copie.

Toute association régulièrement déclarée peut, sans aucune autorisation spéciale, ester en justice, acquérir à titre onéreux, posséder et administrer, en dehors des subventions de l'Etat, des départements et des communes :

1° Les cotisations de ses membres ou les sommes au moyen desquelles ces cotisations ont été rédimées, ces sommes ne pouvant être supérieures à cinq cents francs (500 francs) (1) ;

2° Le local destiné à l'administration de l'association et à la réunion de ses membres ;

3° Les immeubles strictement nécessaires à l'accomplissement du but qu'elle se propose ;

(1) Art. 11 de la loi de 1901 : Toutes valeurs de ces associations (celles qui sont reconnues d'utilité publique) doivent être placées en titres nominatifs.

Commission de la Chambre.	Section du Musée Social.

ARTICLE 6

Les syndicats professionnels jouissent de la personnalité civile. Ils ont le droit d'ester en justice et d'acquérir sans autorisation, à titre gratuit ou à titre onéreux, des biens, meubles et immeubles. Ils pourront faire des actes de commerce en se conformant aux dispositions ci-après:

Les syndicats de plus de sept membres qui, dans le but d'exploiter une entreprise commerciale, formeront une Société à responsabilité limitée, régie par les lois du 24 juillet 1867 et du 1er août 1893, bénéficieront des exceptions suivantes aux dispositions desdites lois.

Le syndicat, personne civile, pourra être propriétaire de la totalité des actions.

Dans ce cas, les syndiqués auront le droit d'être administrateurs sans être individuellement porteurs

Les syndicats professionnels jouissent de la personnalité civile. Ils ont le droit d'ester en justice et d'acquérir sans autorisation, à titre gratuit ou à titre onéreux, des biens meubles et les immeubles *qui sont nécessaires à leur fonctionnement, bibliothèques, cours d'instruction professionnelle, collections, laboratoires, champs d'expériences, abris pour bestiaux, machines ou instruments, bourses du travail, ateliers d'apprentissage.*

Les syndicats ne pourront posséder d'autres immeubles de rapport que ceux dont les revenus seront affectés en totalité au but spécifié par leurs statuts.

Les syndicats professionnels pourront créer des sociétés à responsabilité limitée, régies par les lois du 24 juillet 1867 et du 1er août 1893 en vue

Loi du 21 mars 1884.	Loi du 1ᵉʳ juillet 1901.
	TITRE PREMIER

Commission de la Chambre.	Section du Musée Social.

Commission de la Chambre.

de parts ou actions, et l'assemblée générale sera formée de mandataires désignés par le syndicat, chaque mandataire possédant une voix, et tous étant considérés comme représentant chacun une part égale dans le capital social.

Si une société est formée par deux ou plusieurs syndicats, les statuts de cette société déterminent le nombre de mandataires délégués par chacun des syndicats actionnaires, tout délégué ayant une voix.

Quelle que soit l'importance du capital social, il pourra être divisé en actions ou coupures d'actions de 25 francs.

La société ne pourra être définitivement constituée qu'après la souscription de la totalité du capital et le versement en espèces, par chaque syndicat actionnaire, du quart des actions ou coupures d'actions souscrites par lui, même lorsqu'elles n'excèdent pas 25 francs. Si la société est à capital variable, le versement du dixième suffit.

Section du Musée Social.

d'organiser ou de gérer des institutions d'ordre professionnel telles que bibliothèques, musées, écoles, ou cours d'apprentissage, cours professionnels, bureaux de placement, organisations en cas de chômage, sociétés coopératives de consommation et ateliers de production annexes, de construction ou de crédit mutuel.

Les sociétés ainsi formées bénéficieront des exceptions suivantes à la législation de droit commun, pourvu qu'elles ne comptent comme membres que des adhérents du syndicat et qu'elles s'abstiennent de toute opération présentant un caractère commercial.

(Le surplus de l'article, à partir du troisième alinéa, comme dans le projet de la Commission de la Chambre : Le syndicat, personne civile, etc.)

<table>
<tr><th>Loi du 21 mars 1884.</th><th>Loi du 1er juillet 1901.</th></tr>
</table>

Loi du 21 mars 1884.	Loi du 1er juillet 1901.
	TITRE PREMIER

ARTICLE 7

Tout membre d'un syndicat professionnel peut se retirer à tout instant de l'association, nonobstant toute clause contraire, mais sans préjudice du droit pour le syndicat de réclamer la cotisation de l'année courante.

Toute personne qui se retire d'un syndicat conserve le droit d'être membre des sociétés de secours mutuels et de pensions de retraite pour la vieillesse à l'actif desquelles elle a contribué par des cotisations ou versements de fonds.

ARTICLE 4

Tout membre d'une association qui n'est pas formée pour un temps déterminé peut s'en retirer en tout temps, après paiement des cotisations échues et de l'année courante, nonobstant toute clause contraire.

Commission de la Chambre.	Section du Musée Social.

Les syndicats pourront, en se conformant aux autres dispositions de la loi, constituer entre leurs membres des caisses spéciales de secours mutuels et de retraites.

Ils pourront, etc. (*La suite comme les trois derniers alinéas de l'article 6 ancien.*)

ARTICLE 7

Tout membre d'un syndicat professionnel peut se retirer à tout instant de l'association nonobstant toute clause contraire, mais sans préjudice du droit pour le syndicat de réclamer la cotisation de l'année courante, les cotisations versées restant la propriété du syndicat.

Les statuts règlent le mode de liquidation des droits appartenant, dans l'actif commercial, aux associés qui cessent de faire partie du syndicat, soit par décès, soit autrement.

Ils règlent également la destination des biens du syndicat en cas de dissolution.

(*Le dernier alinéa identique au dernier alinéa de l'article 7 ancien.*)

Texte identique à celui proposé par la Commission de la Chambre.

Loi du 21 mars 1884.	Loi du 1er juillet 1901.

TITRE PREMIER

ARTICLE 8

Lorsque des biens auront été acquis contrairement aux dispositions de l'article 6, la nullité de l'acquisition ou de la libéralité pourra être demandée par le procureur de la République ou par les intéressés.

Dans le cas d'acquisition à titre onéreux, les immeubles seront vendus, et le prix en sera déposé à la caisse de l'association.

Dans le cas de libéralité, les biens feront retour aux déposants ou à leurs héritiers ou ayants cause.

ARTICLE 9

Les infractions aux dispositions des articles 2, 3, 4, 5 et 6 de la présente loi, seront poursuivies contre les directeurs ou administrateurs des syndicats et punies d'une amende de 16 à 200 francs. Les tribunaux pourront, en outre, à la diligence du procureur de la République, prononcer la dissolution du syndicat et la nullité des acquisitions d'immeu-

ARTICLE 7

En cas de nullité prévue par l'article 3, la dissolution de l'association sera prononcée par le tribunal civil, soit à la requête de tout intéressé, soit à la diligence du ministère public. En cas d'infraction aux dispositions de l'article 5, la dissolution pourra être prononcée à la requête de tout intéressé ou du ministère public.

ARTICLE 8

Seront punis d'une amende de seize à deux cents francs (16 à 200 fr.) et, en cas de récidive, d'une amende double, ceux qui auront contrevenu aux dispositions de l'article 5.

Seront punis d'une amende de seize à cinq mille francs (16 à 5.000 fr.) et d'un emprisonnement de six jours à un an, les fondateurs ou administrateurs de l'association qui se se-

Commission de la Chambre.	Section du Musée Social.

ARTICLE 8

Lorsque les biens des Unions de syndicats auront été acquis contrairement aux dispositions de l'article 5, la nullité, etc. (*Le reste de l'article comme à l'article 8 ancien.*)

Lorsque les biens des syndicats ou des Unions de syndicats auront été acquis contrairement aux dispositions des articles 5 et 6..... (Le reste de l'article comme à l'article 8 ancien.)

ARTICLE 9

Les infractions aux dispositions des articles 2, 3, 4, 5 et 6 de la présente loi seront poursuivies contre les directeurs ou administrateurs du syndicat ou de l'Union et punies d'une amende de 16 à 200 fr.

Les tribunaux pourront, en outre, à la digilence du procureur de la République, prononcer la dissolution du syndicat ou de l'Union et la nullité des

Texte identique à celui proposé par la Commission de la Chambre.

Loi du 21 mars 1884.	Loi du 1er juillet 1901.

bles faites en violation des dispositions de l'article 6.

Au cas de fausse déclaration relative aux statuts et aux noms et qualités des administrateurs ou directeurs, l'amende pourra être portée à 500 fr.

rait maintenue ou reconstituée illégalement après le jugement de dissolution.

Seront punies de la même peine toutes les personnes qui auront favorisé la réunion des membres de l'association dissoute en consentant l'usage d'un local dont elles disposent.

ARTICLE 9

En cas de dissolution volontaire, statutaire ou prononcée par justice, les biens de l'association seront dévolus conformément aux statuts, ou à défaut de disposition statutaire, suivant les règles déterminées en assemblée générale.

Commission de la Chambre.	Section du Musée Social
acquisitions d'immeubles faites en violation des dispositions de l'article 5. (*Le deuxième alinéa comme à l'article 9 ancien*).	

ARTICLE 10 (nouveau)

Commission de la Chambre.	Section du Musée Social
L'entrave volontairement apportée à l'exercice des droits reconnus par la présente loi, par voie de refus d'embauchage ou de renvoi, la mise en interdit prononcée par le syndicat dans un autre but que d'assurer les conditions du travail fixées par lui et la jouissance des droits reconnus aux citoyens par les lois, constituent un délit civil et donnent lieu à l'action en réparation du préjudice causé. Cette ac-	*Suppression complète de l'article 10 proposé par la Commission sauf la dernière phrase qui serait ainsi rédigée:* *L'action en dommages-intérêts à laquelle donnerait lieu l'application de la présente loi pourra être exercée soit par la partie lésée, soit, sur sa demande, par le syndicat.*

Loi du 21 mars 1884.	**Loi du 1er juillet 1901.**
	TITRR PREMIER

ARTICLE 10

La présente loi est applicable à l'Algérie. Elle est également applicable aux colonies de la Martinique, de la Guadeloupe et de la Réunion. Toutefois, les travailleurs étrangers et engagés sous le nom d'immigrants n'en pourront faire partie.

Commission de la Chambre.	Section du Musée Social.
tion peut être exercée soit par la partie lésée, soit dans le cas prévu au § 1ᵉʳ par le syndicat.	

ARTICLE 11

(Comme l'article 10 de la loi du 21 mars 1884.)	*Texte identique à celui proposé par la Commission.*

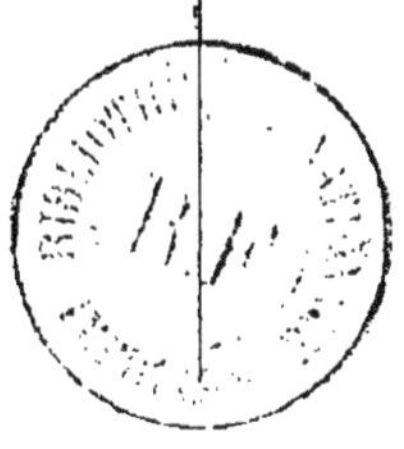

Reims. — Imprimerie Jeanne d'Arc, 4, rue des Fusiliers.

Prêtres de France

ACTION POPULAIRE, 5, rue des Trois-Raisinets, Reims.
F. PAILLART, Abbeville.
V. LECOFFRE, 90, rue Bonaparte, Paris.
2ᵉ ÉDITION — 8ᵉ MILLE

Monographies sociales inédites.

MM. BORDRON : L'Œuvre d'un Curé dans une paroisse révolutionnaire : Persan-Beaumont. — CETTY : Le Prêtre dans une paroisse ouvrière : Saint-Joseph de Mulhouse. — GRUSON : Jardins ouvriers de Fourmies. — MAZELIN : Dix-huit mois de vie syndicale à Chaumont-sur-Aire. — BOILEAU : L'Action Populaire chrétienne à Mont-Notre-Dame. — PÉTERS : Un Missionnaire de la Caisse rurale en Champagne. — F... : Syndicat paroissial de Saint-Félicien. — VALLIER : Œuvres et Colonies de Vacances par les Séminaristes de Lyon.

Un vol. de 380 pages. — Prix : **2 fr. 50** ; franco, **3 fr.**

FRANÇAISES

Etudes et Monographies sociales (4ᶜ MILLE)

A l'Action Populaire, Reims. — F. Paillart, Abbeville.
V. Lecoffre, 90, rue Bonaparte, Paris.
Prix : **2 fr. 50** ; franco : **3 francs**

Mademoiselle GAHÉRY : L'Union Familiale.

Madame Jean BRUNHES : La Ligue d'Acheteurs.

Madame DÉGLIN : Protection de la Jeune Fille.

Madame FLORNOY : L'Action sociale de la femme.

Madame Jeanne DIVOIRE : Cercle d'études.

Mademoiselle ROCHEBILLARD : Mes Idées.

Comtesse de DIESBACH : L'Enseignement ménager.

Baronne BRINCART : L'Enquête.

Madame THOME : Le Foyer.

Madame CHANGEUX : Dans une ville de l'Est.

Comtesse de COSSÉ-BRISSAC : Le Fil et l'Aiguille.

Mademoiselle de MARMIER : L'Aiguille à la Campagne.

Madame F. DORIVE : Devoir des Femmes Françaises.

Madame X... : La Presse pour Tous.

Madame Lucie - Félix - Faure GOYAU : Mutualité.

Mademoiselle MAUGERET : Congrès Jeanne d'Arc.

Mesdemoiselles FROSSARD de VALETTE : Ligue Patriotique des Françaises.

Jeunes Filles de France

ACTION POPULAIRE, REIMS — LECOFFRE, PARIS
Prix : **2 francs 50** — Franco : **3 francs** (3ᶜ mille)

Etudes et Monographies sociales

Une Ouvrière Parisienne, Y. D'YSNÉ. — *Ce que les Jeunes Filles peuvent faire dans les Syndicats*, Mᵐᵉ GAUTIER-LACAZE. — *Le Repos hebdomadaire et la Jeune Fille*, Mᵐᵉ Jean BRUNHES et Maurice BEAUFRETON. — *Souvenirs d'une Employée*, L.-M. ROCHEBILLARD. — *Les Volontaires de l'Enseignement libre*, Fr. GÉRALD. — *Catéchisme et Catéchistes*, Marthe DELVAL. — *Un Congrès par Lettres*, Jeanne DIVOIRE. — *Le Rayon*, M. et M. D. — *Lettres à Yvonne*, J. C. — *Délicatesses sociales*, Renée MILL.

Manuel Social pratique

Un volume de 460 pages, broché, couverture forte
Prix : **3** fr. **50** ; *franco,* **4** fr.
**Bureaux de l'Action Populaire, 5, rue des Trois-Raisinets, Reims
Lecoffre, 90, rue Bonaparte, Paris,**

Depuis que fonctionne à nos bureaux l'office de renseignements que nous avons appelé l'*Intermédiaire Social*, un grand nombre de correspondants ont fait appel à la compétence de nos rédacteurs et de nos amis. Les questions posées, si souvent les mêmes, si souvent d'ordre juridique ou pratique, nous ont donné l'idée de publier en un seul livre les notions utiles aux fondateurs des institutions sociales.

Les Congrès Ouvriers en France

DEUXIÈME SÉRIE (1893-1906)
Création de la Confédération générale du Travail
par Léon de SEILHAC
Volume in-12 de 334 pages : **3** francs ; *franco* : **3** fr. **50**
ACTION POPULAIRE, Reims — LECOFFRE, Paris

Le nom de l'auteur est le garant le plus sûr de la qualité de l'ouvrage.
L'impartialité dans l'exposition des doctrines et des travaux d'adversaires, l'ordre, l'exactitude, la classification et la clarté sont autant de qualités qu'on se plaît à reconnaître en M. de Seilhac ; sa méthode est une analyse précise, faite à la lumière des faits. On a dit beaucoup sur les tendances et le rôle de la Confédération générale du Travail : aucun livre ne dit mieux.

Paysans de France

Un beau vol. in-12 de 320 pages — Prix : **2** fr. **50**, *franco,* **3** fr
ACTION POPULAIRE — LECOFFRE

SOMMAIRE

Le Mouvement Social

Revue Catholique Internationale

Cette Revue mensuelle continue la Revue de
l'Association Catholique *(34ᵉ année).*

Le Numéro : 2 Francs

ABONNEMENTS :

FRANCE	UNION POSTALE
Un an... .... : **18 fr.**	Un an.. .... **21** fr.

On s'abonne à l'**ACTION POPULAIRE**, Reims.

DIRECTION :

M. G. DESBUQUOIS	**M. J. ZAMANSKI**
Directeur de l'*Action Populaire*.	94, boulevard Raspail, Paris.

RÉDACTION :

76, Rue des Saints-Pères, Paris (VIIᵉ). — *Action Populaire*, Reims.

ADMINISTRATION :

Action Populaire, 5, Rue des Trois-Raisinets, Reims.

DÉPOSITAIRES A L'ÉTRANGER :

Rome : MARIETTI.	*Madrid :* V. DE RICO.
Londres : BURNS et OATES.	*Bruxelles :* SOCIÉTÉ BELGE DE LIBRAIRIE.
Vienne : MAYER et Cⁱᵉ.	*Fribourg :* VEITH.
Berlin : ASHER et Cⁱᵉ.	*Montréal :* BEAUCHEMIN.